Les Recettes préférées des Françaises

Les Recettes préférées des Françaises

LE CHERCHE MIDI ÉDITEUR

Titre original : **Les Recettes préférées des Françaises**
publié par le cherche midi éditeur, 1997.

Je tiens à remercier toutes les femmes qui ont fait confiance au Groupe Danone avec l'envoi de milliers de recettes dont une sélection a permis de réaliser cet ouvrage.

En acceptant de nous révéler leurs secrets gourmands, elles ont ainsi témoigné de leur attachement à nos marques.
À cela nous sommes très sensibles.

Grâce à elles, un livre original est né. Reflet de nos meilleures traditions – qui n'interdisent pas l'innovation – il sera, pour les lectrices et les lecteurs, le témoignage des préférences culinaires des Français.

Franck Riboud

Entrées

Terrine de truite et de saumon à la bisque de homard

Maryse Morenville
(Beine-Nauroy)

« Terrine appétissante, haute en saveur et savante en présentation. »

★★★

▸ Retirer la peau et les arêtes des truites et du saumon. Couper en dés 100 g de chair de saumon. Réserver. Préchauffer le four à 180° (th. 6).

▸ Mousse de truite : mixer la chair des truites, saler, poivrer, mixer à nouveau. Ajouter un blanc d'œuf puis mixer jusqu'à ce que le mélange devienne homogène. Ajouter 100 g de crème fraîche et mixer 30 secondes. Verser la mousse dans un saladier, incorporer les dés de saumon et un peu de ciboulette hachée.

▸ Mousse de saumon : dans un autre récipient, mixer la chair du saumon, saler, poivrer. Ajouter un blanc d'œuf puis mixer jusqu'à ce que le mélange devienne homogène. Ajouter 100 g de crème fraîche, mixer à nouveau, ajouter la ciboulette hachée.

▸ Beurrer une terrine. Tapisser le fond et les bords avec la moitié de la mousse de truite, remplir le centre avec la mousse de saumon et terminer par une couche de mousse de truite. Tasser, puis mettre au four pendant 45 minutes.

▸ Laisser reposer 30 minutes avant de démouler.

▸ Faire chauffer doucement la bisque de homard au dernier moment.

▸ Découper la terrine et servir chaque tranche sur une assiette, entourée de bisque de homard.

POUR 10 PERSONNES :

3 truites (500 g de chair de truite)
500 g de saumon frais
200 g (20 cl) de crème fraîche à 30 %
2 blancs d'œufs
1/2 bottillon de ciboulette
1 boîte de 350 g de bisque de homard
10 g de beurre
sel et poivre

LE CONSEIL DU GROUPE DANONE :

Une salade de cresson au vinaigre de vin vieux accompagnera très bien cette terrine.
Tous les éléments des mousses doivent être très froids : laissez-les 4 heures au réfrigérateur avant de commencer votre recette.

Mousse de poisson au saumon fumé

Chantal Ilas
(Artres)

« Très savoureux, joli, délicat à préparer, toutefois. »

★★

▸ Mettre les éléments de la mousse 1 heure au réfrigérateur entre 0° et 3°C.
▸ Préchauffer le four à 180° (th. 6) avec une plaque vide à l'intérieur.
▸ Couper les filets de poisson crus en petits cubes et les mixer finement; saler légèrement et ajouter les 2 blancs d'œufs. Mixer encore et ajouter la crème liquide, saler, poivrer, battre à nouveau.
▸ Beurrer des ramequins et les tapisser d'une fine couche de saumon fumé. Verser la mousse – à laquelle vous pouvez ajouter quelques petits morceaux de saumon fumé – et faire cuire au four au bain-marie pendant 30 minutes environ. Puis laisser reposer 15 minutes.
▸ Pendant la cuisson, préparer la sauce : mélanger au fouet les 2 jaunes d'œufs et le jus de citron; faire chauffer le tout en remuant et ajouter le beurre. Hors du feu, incorporer la crème fraîche épaisse, le persil et la ciboulette hachée. Saler et poivrer.
▸ Démouler chaque ramequin de mousse sur une assiette à dessert dans laquelle vous aurez versé un peu de sauce.

POUR 6 PERSONNES :

▸ *Pour la mousse :*
350 g de filets de poisson (dorade ou sole)
150 g de saumon fumé
2 blancs d'œufs
100 g (10 cl) de crème fraîche liquide
sel et poivre

▸ *Pour la sauce :*
100 g de beurre
2 jaunes d'œufs
100 g (10 cl) de crème fraîche épaisse à 15 %
1 citron
persil
ciboulette hachée
sel et poivre

LE CONSEIL DU GROUPE DANONE :

Décorez selon votre inspiration avec des œufs de lump, une branche d'aneth, une rondelle de citron, 2 ou 3 crevettes roses...
Cette mousse ne sera vraiment parfaite que si tous les éléments sont très froids au moment de la préparation.

Flan de thon au coulis de poireaux

Claude Fontaine
(Rochecorbon)

« Une recette familiale, simple, économique, avec la touche raffinée d'un coulis crémé. »

★★

▸ Préchauffer le four à 180° (th. 6) avec une plaque vide à l'intérieur.
▸ Beurrer un moule à cake.
▸ Dans un saladier, mixer la moitié du thon avec les œufs et la crème. Émietter le thon restant et l'incorporer à la préparation. Ajouter le persil haché, saler et poivrer.
▸ Verser le contenu du saladier dans le moule et mettre au four au bain-marie pendant 35 minutes.
▸ Pendant ce temps, préparer le coulis de poireaux: laver et émincer finement les blancs et les faire étuver dans le beurre pendant 20 minutes après les avoir salés et poivrés. Les passer ensuite au mixeur avec la crème fraîche. Réchauffer doucement juste avant de servir.
▸ Sortir le flan du four, couvrir de papier d'aluminium et laisser reposer 20 minutes.
▸ Présenter le flan démoulé sur un plat de service et le coulis à part dans une saucière.

POUR 6 PERSONNES :

▸ *Pour le flan:*
200 g de thon en boîte au naturel
200 g (20 cl) de crème fraîche (allégée ou non)
4 œufs de 50 g
2 c. à soupe de persil haché
sel et poivre

▸ *Pour le coulis:*
200 g de blancs de poireaux
200 g (20 cl) de crème fraîche à 15 %
40 g de beurre
sel et poivre

LE CONSEIL DU GROUPE DANONE :

Ce flan constitue une délicieuse entrée pour 6 personnes et il peut aussi faire office de plat principal pour 4 convives. Dans ce cas, servez-le accompagné d'une purée de légumes (carottes, céleri, etc.).

Salade d'aubergines aux calamars

Jacqueline Lafite
(Blagnac)

« Mariage original des aubergines et des calamars. Malgré la richesse et la diversité des ingrédients, cette salade reste légère. »

★

POUR 6 PERSONNES :

800 g d'aubergines
80 g de poivron vert
80 g de poivron rouge
150 g de pommes de terre
500 g de calamars
50 g d'oignon nouveau
1 bouquet de ciboulette
1 gousse d'ail
10 olives noires
80 g (8 cl) d'huile d'olive
30 g (3 cl) de vinaigre de vin
100 g (10 cl) de vin blanc sec
sel et poivre

▸ Laver et essuyer les aubergines et les poivrons, puis les envelopper séparément dans du papier d'aluminium. Mettre au four à 240° (th. 8) pendant 1/2 h. Les laisser refroidir dans le four éteint, porte fermée.

▸ Pendant ce temps, nettoyer les calamars pour les découper en lamelles. Bien les sécher avec du papier absorbant. Les faire revenir à feu doux 2 ou 3 minutes, dans une casserole à fond épais, avec 30 g d'huile d'olive. Toujours sur feu doux, ajouter le vin blanc en remuant de temps en temps jusqu'à ce que les calamars aient absorbé tout le vin. Couvrir et réserver.

▸ Peler les pommes de terre pour les couper en petits dés et les faire bouillir. Une fois cuites, les égoutter et réserver.

▸ Sortir les aubergines et les poivrons du four refroidi, enlever la peau et les couper en petits cubes.

▸ Mettre enfin tous les ingrédients dans un saladier, saler, poivrer et ajouter 50 g d'huile d'olive et 30 g de vinaigre. Mélanger, goûter pour rectifier l'assaisonnement.

▸ Couper l'oignon nouveau en rondelles, ciseler la ciboulette, ajouter l'ail finement haché et les olives noires dénoyautées. Puis couvrir d'un film alimentaire et mettre au réfrigérateur pendant 2 à 3 heures.

▸ Servir bien frais.

LE CONSEIL DU GROUPE DANONE :

25 g de sauce de soja donneront à cette salade une touche d'exotisme. Faites un essai !

Bricks au crabe

Edwige Albouccq
(Grasse)

« Le parfum de l'Orient méditerranéen dans de petits triangles hauts en saveur. »

★

▸ Égoutter le crabe, réserver les pattes, émietter la chair.
▸ Laver les poireaux et les couper en fines lamelles, puis les faire fondre dans 30 g de beurre. Saler, poivrer et laisser cuire 30 minutes jusqu'à évaporation totale de leur eau. Hors du feu, ajouter l'œuf battu, les miettes de crabe, le persil ciselé et le piment de Cayenne.
▸ Préchauffer le four à 180° (th. 6).
▸ Faire fondre 60 g de beurre. Poser chaque feuille de brick sur le plan de travail et l'enrober de beurre fondu; la replier de manière à former une bande rectangulaire. À une extrémité, déposer une cuillerée à soupe de la garniture, puis un morceau de patte de crabe et plier la feuille de brick en triangle.
▸ Placer les bricks sur une plaque beurrée et enfourner. Laisser cuire environ 15 minutes.
▸ Servir chaud.

POUR 4 PERSONNES :

8 feuilles de brick
60 g de beurre

▸ *Pour la garniture :*
1 boîte de crabe (pattes + chair) de 185 à 200 g
6 brins de persil
30 g de beurre
400 g de poireaux
1 œuf entier
1 pointe de piment de Cayenne
sel et poivre

LE CONSEIL
DU GROUPE DANONE :

Accompagnez cette mousse d'un émincé de fenouil cru.
Vous pouvez réaliser une variante de cette recette en employant du thon (ou du saumon) à la place du crabe.

Mousseline de coquilles Saint-Jacques à l'oseille

Isabelle Herbert
(Vaudry)

« Bon mariage de saveurs entre la douceur de la mousseline de Saint-Jacques et l'acidité de l'oseille. »

★★

POUR 6 PERSONNES :

▸ *Pour la mousse :*
400 g de noix de Saint-Jacques fraîches
2 œufs de 50 g
200 g (20 cl) de crème fraîche liquide
sel

▸ *Pour la sauce :*
8 belles feuilles d'oseille
400 g (40 cl) de crème fraîche liquide
1 échalote
10 g (1 cl) de vinaigre de cidre
40 g de beurre
sel et poivre

▸ Préchauffer le four à 180° (th. 6).
▸ Réserver les coraux et mixer les coquilles Saint-Jacques avec un peu de sel. Ajouter petit à petit les œufs puis la crème bien froide.
▸ Bien assaisonner*.
▸ Garnir des ramequins beurrés et cuire au four au bain-marie pendant 30 minutes. Laisser reposer 15 minutes à la sortie du four.
▸ Préparation de la sauce : laver et mixer l'oseille. Hacher finement l'échalote, la faire revenir dans le beurre, puis ajouter l'oseille. Faire revenir 5 minutes avant de verser la crème liquide et cuire encore 5 minutes sans cesser de remuer. Terminer par un filet de vinaigre de cidre, saler et poivrer.
▸ Il vous reste à poêler doucement au beurre le corail des coquilles.
▸ Enfin, démouler chaque ramequin sur une assiette, napper la mousseline de sauce à l'oseille et servir accompagné du corail poêlé et de quelques feuilles d'oseille finement ciselées.
▸ Goûter et ajuster suivant votre goût.

LE CONSEIL DU GROUPE DANONE :

Pour réussir cette recette, les Saint-Jacques et la crème doivent être très froides ; gardez-les au réfrigérateur au moins 4 heures avant de commencer à cuisiner.

* Pour vérifier l'assaisonnement, faites un test en cuisant une petite noix de mousseline dans de l'eau frémissante.

Pain de lotte

Francine Georges
(Bon-Encontre)

« Un plat raffiné, facile à faire. La lotte, ainsi travaillée, ne ruine pas le budget familial. »

★

▸ Verser dans un faitout 1 litre d'eau additionnée d'un sachet de court-bouillon et porter doucement à ébullition. Au bout d'1/4 d'heure, ajouter la lotte et laisser cuire pendant 15 minutes.
▸ Préchauffer le four à 180° (th. 6).
▸ Égoutter, couper la lotte en petits cubes et réserver. Mixer les œufs entiers, le concentré de tomates, saler et poivrer.
▸ Tapisser de lotte un moule à cake, puis verser le mélange œufs-tomate. Recouvrir le moule de papier d'aluminium et enfourner. Cuire environ 30 minutes et laisser reposer 15 minutes hors du four.
▸ Démouler le pain de lotte tiède et servir froid, coupé en tranches sur un lit de feuilles de salade assaisonnée, accompagné de mayonnaise et de jus de citron.

POUR 6 PERSONNES :

600 g de lotte
3 œufs de 50 g
1 sachet de court-bouillon en poudre
70 g de concentré de tomates
10 g de sel
1 g de poivre

LE CONSEIL DU GROUPE DANONE :

Faites de petits dômes de champignons en vinaigrette, mêlés à des crevettes grises pour compléter votre garniture.

Cocktail de crevettes aux kiwis

Gisèle Dessi
(Rosult)

« Frais et léger, c'est une entrée idéale à consommer sans modération. »

★

POUR 4 PERSONNES :

250 g de crevettes roses
3 kiwis
20 g (1 verre à liqueur) de rhum blanc
60 g de mayonnaise
30 g (3 cl) de crème fraîche à 30 %
1/2 citron
quelques brins de ciboulette
1/2 scarole
sel et poivre

▸ Décortiquer les crevettes et les faire macérer 1 heure dans le rhum.
▸ Dans un saladier, mélanger la crème fraîche, la mayonnaise, la ciboulette ciselée, ajouter le jus de citron, saler et poivrer.
▸ Bien égoutter les crevettes pour les incorporer à cette sauce.
▸ Laver, essorer, couper la scarole en fines lamelles, verser dans le saladier.
▸ Peler et couper les kiwis en rondelles que vous disposerez dans 4 coupelles de manière à en tapisser les bords. Puis finir de garnir les coupelles avec la salade aux crevettes.
▸ Servir bien frais.

LE CONSEIL DU GROUPE DANONE :

Inspirez-vous de cette recette à base de fruits pour varier vos entrées : pensez à utiliser des agrumes (mandarines, pamplemousses, par exemple).

Gratin de poires au roquefort

Delphine Soleil
(Paris XIIIe)

« Une association étonnante et séduisante à la fois. »

★

▸ Beurrer un plat allant au four avant d'y déposer les tranches de pain de mie que vous ferez se chevaucher. Arroser de vin blanc.
▸ Peler et couper les poires en quartiers, retirer le cœur etles pépins puis les couper en lamelles. Trancher finement le roquefort en évitant de l'émietter. Détailler le jambon en petits dés.
▸ Recouvrir le pain de mie avec les tranches de roquefort, parsemées de dés de jambon. Garnir avec les lamelles de poires disposées en couronne.
▸ Préchauffer le four à 180° (th. 6).
▸ Dans un bol, fouetter les œufs entiers avec la crème fraîche et le lait. Saler et poivrer avant de verser le mélange sur les poires. Rajouter quelques petits morceaux de beurre et mettre au four.
▸ Laisser cuire et gratiner pendant 30 minutes. La crème doit être prise et bien dorée.
▸ Servir sans attendre.

POUR 4 PERSONNES :

4 poires (conférence ou passe-crassane)
125 g de roquefort
125 g de jambon de Paris
2 œufs de 50 g
125 g (12,5 cl) de crème fraîche à 30 %
8 tranches de pain de mie
100 g (10 cl) de vin blanc sec
100 g (10 cl) de lait
20 g de beurre
sel et poivre

LE CONSEIL DU GROUPE DANONE :

Vous pouvez remplacer le jambon par des lardons et employer du pain de mie complet pour obtenir une variante au goût plus rustique.

Cake au roquefort

Martine Meresse
(Soissons)

« Le mélange du roquefort et des raisins ne manque pas d'audace. »

★

▸ Faire tremper les raisins secs dans une tasse d'eau chaude.
▸ Préchauffer le four à 210° (th. 7) avec une plaque vide à l'intérieur.
▸ Mélanger la farine, la levure et les œufs entiers dans un saladier, avec la crème fraîche et le roquefort en petits morceaux.
▸ Égoutter les raisins avant de les incorporer à la pâte.
▸ Beurrer un moule à cake et y verser la préparation, puis mettre au four en ayant soin de régler le thermostat sur 6 (180°).
▸ Laisser cuire 35 minutes environ.
▸ Laisser tiédir avant de démouler et servir accompagné d'une salade verte.

POUR 6 PERSONNES :

200 g de farine
1 sachet de levure
200 g (20 cl) de crème fraîche à 30 %
3 œufs de 50 g
150 g de roquefort
70 g de raisins secs

LE CONSEIL DU GROUPE DANONE :

Vous pouvez aussi faire mariner les raisins secs dans un vin blanc sucré. Cassez quelques noix dans la salade, leur goût se marie très bien avec celui du roquefort (vous utiliserez alors de l'huile de noix, du vinaigre et de la moutarde à l'ancienne en assaisonnement).

Quiche à la choucroute

Odile Bluem
(Lesmenils)

« Une recette 100% alsacienne. Excellent ! »

★

▸ Préchauffer le four à 210° (th. 7) avec une plaque à l'intérieur.
▸ Étaler la pâte feuilletée et foncer* un moule à tarte de 25 cm de diamètre.
▸ Éplucher et émincer finement les oignons pour les faire revenir dans le beurre. Couper le jambon en dés.
▸ Mettre la choucroute dans un saladier avec le jambon, les oignons, le cumin et le persil frais haché. Battre les œufs et la crème, poivrer et verser dans le saladier. Bien mélanger.
▸ Garnir le moule et terminer par des languettes de pâte disposées en croisillons. Mettre au four 40 minutes.
▸ Servir bien chaud, accompagné d'une salade verte.

POUR 6 PERSONNES :

300 g de pâte feuilletée
400 g de choucroute cuite
3 g (1/2 c. à café) de cumin en poudre
100 g d'oignons + 40 g de beurre
1 branche de persil
4 œufs de 50 g
200 g (20 cl) de crème fraîche à 15 %
1 tranche de jambon fumé de 1/2 cm d'épaisseur
poivre

LE CONSEIL DU GROUPE DANONE :

Attention au sel ! la choucroute cuite en contient déjà, le jambon fumé aussi...

* Garnir le moule avec la pâte.

Gâteau de foies de volaille sauce aurore

F. M.
(Viviers-du-Lac)

«Recette pas chère. Présentez-la dans de petits moules, c'est encore plus attrayant.»

★★

POUR 6 PERSONNES :

100 g de foies de volaille
300 g de blancs (ou de restes) de volaille
3 œufs de 50 g
100 g de mie de pain
100 g (10 cl) + 300 g (30 cl) de lait
350 g (35 cl) d'eau
60 g de farine
80 g de beurre
30 g de concentré de tomates
50 g d'oignons moyens (2 oignons)
quelques olives vertes dénoyautées
1 bouquet de persil
1 ou 2 gousses d'ail
sel et poivre

▸ Beurrer un moule à manqué et garnir le fond d'un papier sulfurisé. Verser 10 cl de lait sur la mie de pain grossièrement émiettée dans un bol et laisser gonfler. Pendant ce temps, éplucher les oignons, l'ail, et laver le persil. Préchauffer le four à 180° (th. 6).

▸ Faire cuire les blancs de poulet à la poêle antiadhésive, ou décortiquer et trier les restes de volaille, que vous hacherez avec le foie*, le pain trempé et 3 jaunes d'œufs. (Réserver les blancs d'œufs). Bien mélanger ce hachis.

▸ Faire chauffer les 30 cl de lait restants et, d'autre part, faire un roux blond avec 30 g de farine et 30 g de beurre. Mouiller avec le lait bouillant jusqu'à épaississement pour obtenir une béchamel. Verser cette béchamel sur le hachis et bien mélanger. Poivrer (attention aux restes de viandes déjà assaisonnés !) et garder le sel pour les blancs en neige. Monter les blancs d'œufs en ajoutant, au départ, une pincée de sel puis, à la fin, 6 g de sel fin. Incorporer doucement ces blancs à la préparation, dont vous allez garnir le moule à manqué. Enfourner et laisser cuire 30 à 40 minutes à 180° (th. 6). 10 minutes avant la fin de la cuisson, préparer une sauce aurore : faire un roux – comme pour la béchamel – avec 30 g de beurre et 30 g de farine puis mouiller avec 30 cl d'eau et ajouter le concentré de tomates préalablement dilué dans une cuillerée à soupe d'eau.

▸ Piquer le gâteau pour en vérifier la cuisson.

▸ Démouler chaud et napper de sauce aurore après avoir rajouté quelques olives vertes dénoyautées. Servir sans attendre.

LE CONSEIL DU GROUPE DANONE :

Vous pouvez réaliser la sauce aurore avec un bouillon de poule, comme rappel du goût de la volaille.

* On peut, si on préfère, passer légèrement les foies de volaille à la poêle antiadhésive avant de les hacher.

Pâté en croûte au poulet et au jambon

Chantal B.
(Saint-Étienne)

★★

«Recette jolie à l'œil du fait des couleurs des différents ingrédients,ce pâté est en même temps léger et bien équilibré nutritionnellement.»

▸ Réserver 150 g de poulet, 50 g de jambon blanc et 50 g de jambon cru.
▸ Couper le reste des viandes en morceaux. Les hacher au robot. Ébouillanter pistaches et olives, que vous hacherez ensuite grossièrement.
▸ Couper les viandes réservées en morceaux avec le poivron et incorporer le tout au hachis avec l'œuf entier. Saler, poivrer, ajouter une pincée de quatre-épices.
▸ Préchauffer le four à 180° (th. 6).
▸ Étaler les deux tiers de la pâte feuilletée.
▸ Foncer* un moule à cake et le remplir de farce. Recouvrir de la pâte restante et décorer avec les chutes. Pratiquer une ouverture au centre et y glisser une cheminée de papier sulfurisé**. Enfin, dorer la surface du pâté au jaune d'œuf et mettre au four pendant 1 heure 15 minutes.
▸ Laisser refroidir avant de démouler puis découper en tranches et servir accompagné d'une salade verte assaisonnée.

POUR 6 PERSONNES :

750 g de blanc de poulet
250 g de jambon blanc
200 g de jambon cru
500 g de pâte feuilletée préétalée
40 g de pistaches décortiquées
50 g d'olives noires dénoyautées
1 poivron rouge (80 g)
1 œuf de 50 g + 1 jaune
1 pincée de quatre-épices ou de muscade râpée
20 g de sel
2 g de poivre
5 cl de cognac (facultatif)

LE CONSEIL DU GROUPE DANONE :

Vérifiez bien le fonçage* pour vous assurer qu'il n'y a pas de trous dans la pâte.

* Garnir le moule avec la pâte

** Après cuisson, versez dans la cheminée un peu de cognac ou d'armagnac et 120 g de gelée fondue. Votre pâté y gagnera en arôme et en onctuosité.

Soupe au pistou

Sylvie Bezet
(Saint-Priest)

« Une grande variété de légumes pour une palette de parfums où s'impose triomphalement le basilic. Très réussi. »

★

▶ Laver et éplucher tous les légumes, écosser les haricots, émincer finement l'oignon. Ébouillanter les tomates pour les peler facilement.

▶ Faire blondir l'oignon émincé dans une grande cocotte avec l'huile d'olive. Ajouter les tomates pelées coupées en morceaux, les autres légumes en petits cubes, les cocos frais, le basilic et le laurier. Couvrir d'eau, saler et poivrer. Laisser cuire à couvert 1 heure à 1 heure 30.

▶ Préparer le pistou : dans un moulin-hachoir (ou à la main), piler l'ail épluché, le persil et le basilic. Bien mélanger avec l'huile d'olive pour obtenir une pâte sans grumeaux. Prélever 2 cuillerées à soupe de ce pistou et les ajouter à la soupe cuite. Remettre le couvercle sur la cocotte, hors du feu.

▶ Présenter le reste du pistou dans un bol afin que chacun puisse se servir comme il l'entend. Servir la soupe bien chaude dans une soupière.

POUR 10 PERSONNES :

500 g de tomates bien mûres
150 g de carottes
300 g de courgettes
1 gros oignon
250 g de haricots cocos frais
250 g de haricots verts frais
1 kg de pommes de terre
1 pointe de fenouil
10 g de basilic
1 feuille de laurier
50 g (5 cl) d'huile d'olive
sel, poivre

▶ *Pour le pistou :*
40 g d'ail (environ 6 gousses)
30 g de basilic
20 g de persil haché
60 g (6 cl) d'huile d'olive

LE CONSEIL DU GROUPE DANONE :

Si vous préférez une soupe un peu plus consistante, ajoutez 50 g de pâtes (coquillettes ou macaronis) 15 minutes avant la fin du temps de cuisson. La soupe au pistou est excellente froide. Pensez-y en été. Enfin, si vous devez réchauffer cette soupe, sachez qu'elle ne doit jamais bouillir avec le basilic.

Tomates-cocotte

Catherine Mongodin
(Épinay-sur-Orge)

«Une recette de notre temps : rapide, facile à faire et agréable.»

★

▸ Laver les tomates, couper leur calotte, évider l'intérieur.
▸ Peler les betteraves pour les couper en petits dés et réserver.
▸ Dans un bol, mélanger l'huile, le basilic et l'ail émincé. Badigeonner l'intérieur et l'extérieur des tomates de ce mélange. Puis casser un œuf dans chaque tomate, saler, poivrer et ajouter une pincée de parmesan.
▸ Mettre dans le four à micro-ondes et cuire sur position Maxi pendant 1 minute 30.
▸ Préparer une vinaigrette pour les betteraves et le cresson.
▸ Poser chaque tomate dans une assiette, sur un lit de cresson, entourée d'une couronne de betteraves en salade.

POUR 4 PERSONNES :

4 grosses tomates fermes
4 œufs
4 c. à café de parmesan râpé
1 c. à soupe d'huile d'olive
1 c. à café de basilic haché
1 gousse d'ail
1 botte de cresson
4 betteraves
sel, poivre

LE CONSEIL
DU GROUPE DANONE :

Bien vérifier la cuisson de l'œuf, qui doit être mollet. On peut faire cette recette dans un four classique ; il faut alors cuire les tomates environ 10 minutes, puis rajouter l'œuf et maintenir au four pendant 5 minutes (selon la température du four).

Plats

Pâtes au melon

Sylvie Poprawa
(Reims)

« Recette facile et rapide à faire, appétissante et colorée, haute en goût du fait de la cuisson des pâtes dans du bouillon de bœuf. »

★

▸ Porter 2 l d'eau à ébullition avec le gros sel et les tablettes de bouillon de bœuf. Y jeter les pâtes en pluie. Former de petites billes de pulpe de melon. Couper le jambon en dés.
▸ Égoutter rapidement les pâtes pour qu'elles gardent un peu de leur jus de cuisson et les transvaser dans un saladier. Bien mélanger avec une cuillerée à soupe d'huile d'olive et laisser refroidir en remuant de temps à autre.
▸ Ajouter les billes de melon, les dés de jambon, le basilic ciselé. Poivrer, assaisonner avec le jus de citron. Goûter et remettre de l'huile d'olive si nécessaire. Rafraîchir au réfrigérateur (en couvrant d'un film alimentaire) ou servir tiède, selon vos préférences.

POUR 4 PERSONNES :

250 g de pâtes (gros coudes ou papillons)
2 tablettes de bouillon de bœuf
1 melon
1 tranche de jambon fumé (1/2 cm d'épaisseur)
2 cuillerées à soupe d'huile d'olive
quelques feuilles de basilic
1 citron
20 g de gros sel
poivre

LE CONSEIL DU GROUPE DANONE :

On peut remplacer le jus de citron par du vinaigre aromatisé à l'estragon ou au romarin.
Les pâtes se prêtent bien à des préparations en salade. Pensez-y en été !

Le Farçon

Arlette Bauduer
(Belfort)

« Avec sa garniture de fromage, raisins secs, lardons, ce plat unique est sympathique et roboratif. »

★

POUR 6 PERSONNES :

1 kg de pommes de terre
20 g de gros sel
30 g de beurre
200 g de lardons fumés
200 g d'oignons
150 g de raisins secs
200 g (20 cl) de crème fraîche à 15 %
2 œufs de 50 g
150 g de Beaufort
sel et poivre

▸ Cuire les pommes de terre en robe des champs dans de l'eau frémissante salée avec 20 g de gros sel.
▸ Préchauffer le four à 180° (th. 6).
▸ Faire rissoler les lardons fumés dans le beurre noisette, ajouter les oignons émincés et laisser fondre 10 minutes. Retirer du feu et rajouter les raisins secs. Réserver.
▸ Éplucher les pommes de terre, les écraser à la fourchette puis les mettre dans un saladier et mélanger délicatement avec les lardons, les oignons et les raisins secs réservés, 2 œufs entiers, la crème fraîche et 50 g de beaufort râpé. Saler légèrement, poivrer et disposer dans un plat à gratin. Recouvrir avec le reste de fromage râpé. Mettre au four 30 minutes à 180° (th. 6).

LE CONSEIL
DU GROUPE DANONE :

Une salade verte en accompagnement vous permettra de constituer un repas complet et équilibré. Vous pouvez employer d'autres fromages à pâte cuite (comté, emmenthal...). Pourquoi ne pas rajouter des champignons sautés avec les lardons ? Attention au sel ! les lardons fumés sont déjà très salés...

Gratin de courgettes

Mireille Taxit
(Marseille)

*« Provençal ou lyonnais,
c'est tout simplement délicieux ! »*

★

▸ Éplucher les courgettes et les couper en rondelles très fines.
▸ Faire chauffer l'huile dans une cocotte et y faire revenir l'oignon finement émincé sans qu'il prenne couleur. Rajouter les courgettes et laisser cuire à l'étouffée 30 minutes en remuant fréquemment.
▸ Préchauffer le four à 150° (th. 5).
▸ Écraser les courgettes à la fourchette et, hors du feu, rajouter la crème fraîche, les œufs et la moitié du gruyère. Saler, poivrer, huiler un plat à four et le garnir avec la préparation recouverte du gruyère restant.
▸ Laisser cuire 15 minutes.
▸ Servir aussitôt.

POUR 6 PERSONNES :

1 kg de courgettes
1 oignon
20 g (2 cl) d'huile
50 g de gruyère râpé
2 œufs de 50 g
200 g (20 cl) de crème fraîche à 30 %
sel et poivre

LE CONSEIL
DU GROUPE DANONE :

Vous pouvez ciseler finement quelques brins d'estragon, dont vous parsèmerez le gratin juste avant de le servir pour varier son goût.

Boulettes de picoulat

Marie Matthey
(Bages)

« Bonne recette régionale remise au goût du jour. »

★

▶ Préparer la sauce : faire revenir à l'huile dans un faitout les oignons émincés et les gousses d'ail ; ajouter la farine et bien mélanger.
▶ Incorporer les tomates pelées, épépinées et coupées en deux, puis les cèpes ramollis à l'eau fraîche et les olives dénoyautées et blanchies. Saler et poivrer. Laisser mijoter pendant 20 minutes.
▶ Préparer les boulettes : Mélanger tous les ingrédients dans un grand légumier et pétrir pour obtenir une boule homogène. Former ensuite, avec les mains humides, de petites boules de la taille d'une balle de ping-pong, et les faire dorer à la poêle.
▶ Éplucher et émincer les carottes en bâtonnets.
▶ Mettre les boulettes dans le faitout, ajouter les bâtonnets de carottes et laisser mijoter doucement pendant 1 heure.
▶ Servir bien chaud dans un grand plat.

POUR 6 PERSONNES

▶ *Pour les boulettes :*
600 g de porc haché
400 g de bœuf haché
1 belle tranche de pain sec
1/2 verre (10 cl) de lait
1 branche de persil
1 échalote

▶ *Pour la sauce :*
6 à 8 gousses d'ail
3 gros oignons
5 belles tomates
100 g de cèpes séchés
100 g d'olives vertes
250 g de carottes
12 g (1 c. à soupe) de farine
sel et poivre

LE CONSEIL DU GROUPE DANONE :

Vous pouvez accompagner ce plat de tortis aux épinards et à la tomate.

Chou farci à la mode auvergnate

Yvonne Veyreveze
(Aurillac)

« Un bon plat du terroir, complet, qui mélange légumes et viande de façon originale. Pratique, car il peut se faire à l'avance. »

★

POUR 6 PERSONNES :

1 kg de chou vert pommé
100 g de carottes (2 belles carottes)
100 g de poitrine fumée (en tranches fines)
40 g (4 cl) d'huile

▸ *pour la farce :*
200 g de poitrine de porc fumée demi-sel
3 gros oignons
40 g de beurre
150 g de saucisse fraîche
2 feuilles de blette
1 bouquet de persil
4 œufs de 50 g
250 g de farine
20 g (2 cl) de crème liquide
sel et poivre

▸ Laver le chou et les carottes. Les couper grossièrement et les faire cuire pendant environ 45 minutes dans de l'eau bouillante salée. Égoutter et réserver.

▸ Éplucher les oignons et les couper en petits dés.

▸ Préparer la farce : faire sauter les dés d'oignons dans une cocotte avec 40 g de beurre. Ajouter la poitrine demi-sel, la saucisse hachée et laisser cuire doucement pendant 40 minutes. En fin de cuisson, ajouter les feuilles de blette coupées en morceaux et le persil.

▸ Hors du feu, incorporer à cette farce les œufs battus, la farine, la crème liquide. Saler et poivrer légèrement. Réserver.

▸ Préchauffer le four à 180° (th. 6).

▸ Faire rissoler les tranches de poitrine fumée avec 40 g d'huile.

▸ Dans un grand plat allant au four, disposer des couches de chou et de farce, en alternant. Terminer par une couche de chou, couvrir avec les tranches de poitrine fumée et parsemer de rondelles de carottes. Arroser légèrement d'huile et mettre au four pendant 1 heure 30.

▸ Laisser reposer 5 minutes hors du four avant de démouler sur le plat de service.

LE CONSEIL DU GROUPE DANONE :

Le chou farci à l'auvergnate est un excellent plat d'hiver, encore meilleur réchauffé. Si vous le préparez la veille, gardez-le bien au froid jusqu'au lendemain.

Jambon malgache

Patricia Meurillon
(Oignies)

« Très familiale, cette recette bien simple fait plaisir aux petits et aux grands. »

★

▸ Préchauffer le four à 180° (th. 6) avec une plaque vide à l'intérieur.
▸ Verser une cuillerée à soupe d'huile d'olive dans un plat à gratin beurré.
▸ Recouvrir chaque tranche de jambon d'une fine couche de moutarde et y déposer une banane épluchée. Ajouter une noix de beurre et une pincée de gruyère râpé. Rouler la tranche de jambon autour de la banane et fermer à l'aide d'un pic.
▸ Disposer les rouleaux dans le plat allant au four, poser un petit morceau de beurre sur chaque pic et saupoudrer de gruyère râpé.
▸ Mettre au four à 180° pendant 30 minutes.

POUR 4 PERSONNES :

4 tranches de jambon
4 bananes bien mûres
50 g de beurre
30 g de moutarde
100 g de gruyère râpé
20 g (2 cl) d'huile d'olive

LE CONSEIL
DU GROUPE DANONE :

Cette recette savoureuse et simple fera la joie des enfants, qui peuvent vous aider à la préparer ! Elle constitue un plat complet qui se passe de légumes d'accompagnement mais peut être aussi servie sur un lit d'épinards.

Saumon vigneron

Paule Duchâteau
(Marquise)

« Un plat complet, riche en épices qui exhalent la saveur du poisson. »

★

▸ Peler et laver les pommes de terre ; les couper en rondelles de 5 mm d'épaisseur. Éplucher et émincer les échalotes, laver et couper la tomate en petits dés.

▸ Préchauffer le four à 180° (th. 6) et garnir un grand plat à four avec les rondelles de pommes de terre, les morceaux de tomate et les échalotes émincées. Ajouter le beurre en petits morceaux, du persil concassé, le thym, le laurier, le gros sel et parsemer de quatre-épices et de poivre au moulin. Arroser d'eau (un bon verre) et de sylvaner (150 g, soit 1 petit verre à eau).

▸ Enfourner à 180° (th. 6) et arroser plusieurs fois au cours de la cuisson (1 heure 10 mn).

▸ Couper le saumon en 6 morceaux.

▸ Lorsque les légumes sont cuits, sortir le plat du four et disposer les morceaux de saumon sous la garniture. Remettre au four 20 minutes.

▸ Servir bien chaud dans son jus. Décorer avec du persil en feuilles.

POUR 6 PERSONNES :

1 kg de filet de saumon
700 g de pommes de terre
60 g de tomate fraîche
(1 belle tomate)
120 g d'échalotes
(6 échalotes)
80 g de beurre
150 g (15 cl) de vin blanc
sec (sylvaner)
1 bon verre d'eau
1 cuillerée à café de
quatre-épices
1 branche de thym
1 bouquet de persil plat
1 feuille de laurier
15 g de gros sel marin
poivre au moulin

LE CONSEIL
DU GROUPE DANONE :

Vous pouvez réaliser une variante de cette recette en cuisinant un autre poisson (du thon, par exemple) et l'accompagner d'une salade d'endives, assaisonnée avec du vinaigre de vin vieux.

Filet de turbot en écailles de pommes

Sylvie Achard
(Saint-Jean-de-Muzols)

« Voici une recette excellente où le beurre de cidre parfume à souhait une association déjà pleine d'arôme. »

★★★

▸ Préchauffer le four à 180° (th. 6).

▸ Couper les pommes en quartiers sans les peler, éliminer le cœur et les pépins. Réserver 4 quartiers pour la décoration. Émincer les autres en tranches fines. Réserver dans un saladier rempli d'eau glacée.

▸ Rincer et sécher les filets de turbot. Les mettre dans un grand plat allant au four et badigeonner avec les jaunes d'œufs battus dans 2 cuillerées à soupe d'eau froide.

▸ Sortir les pommes du saladier et les égoutter. Recouvrir le turbot de ces tranches en alternant les couleurs pour former des écailles tricolores. Lustrer au pinceau avec un mélange beurre et jus de citron. Saler, poivrer, mettre au four et laisser cuire 10 minutes.

▸ Pendant ce temps, préparer le beurre de cidre: peler, hacher les échalotes et les mettre dans une casserole avec le cidre et le vinaigre. Laisser bouillir jusqu'à ce qu'il ne reste plus que la valeur de 2 cuillerées à soupe de liquide. Ajouter peu à peu les morceaux de beurre en fouettant vivement, puis incorporer la crème fraîche.

▸ Sortir le turbot du four, le couvrir de papier d'aluminium et le laisser reposer 10 minutes pour finir la cuisson.

▸ Faire sauter au beurre les quartiers de pommes que vous avez réservés. Dresser le turbot sur les assiettes préalablement chauffées, entouré des pommes-fruits sautées, et verser un cordon de beurre de cidre tout autour.

POUR 4 PERSONNES :

▸ *Pour le poisson :*
4 morceaux de filet de turbot de 150 g chacun
1 pomme rouge, 1 golden, 1 granny
1 citron
2 jaunes d'œufs
50 g de beurre
sel et poivre

▸ *Pour le beurre de cidre :*
120 g de beurre
80 g (8 cl) de crème fraîche à 30 %
100 g (10 cl) de cidre
40 g d'échalotes (2 échalotes)
40 g (4 cl) de vinaigre de cidre

LE CONSEIL DU GROUPE DANONE :

Ne salez pas le dessus du turbot, les écailles de pommes tiendront mieux.

Spaghettis aux lardons

Florence Rousseleau
(Saint-Sébastien-sur-Loire)

«Un plat bon enfant pour les inconditionnels des pâtes.»

★

POUR 6 PERSONNES :

500 g de spaghettis
400 g de lardons fumés
250 g d'oignons
300 g (30 cl) de crème fraîche à 15 %
2 jaunes d'œufs
60 g de beurre
200 g de gruyère râpé
40 g de gros sel marin
sel et poivre

▸ Préparer la garniture aux lardons : éplucher les oignons, les émincer en fines rondelles pour les faire blondir dans 30 g de beurre. Laisser fondre 15 minutes pour réduire en compote.

▸ Pendant ce temps, faire bouillir 5 l d'eau dans une grande casserole avec 40 g de gros sel. Y jeter les spaghettis et veiller à ce qu'ils ne restent pas amalgamés (utiliser une fourchette pour les séparer).

▸ Préparer la sauce dans un saladier : battre la crème fraîche avec 2 jaunes d'œufs, saler et poivrer. Réserver.

▸ Après 8 à 10 minutes de cuisson, égoutter les spaghettis et les mettre dans un grand plat creux avec 30 g de beurre. Mélanger sans attendre puis ajouter la sauce à la crème et la garniture aux lardons.

▸ Servir immédiatement, accompagné de gruyère râpé.

LE CONSEIL DU GROUPE DANONE :

Les pâtes perdent une partie de leur valeur nutritionnelle si on les cuit trop longtemps : optez, de préférence, pour une cuisson «al dente».

Escalopes de veau aux légumes

Anne-Marie
Auboiron
(Annecy)

★

« L'accent savoyard rend la recette sympathique. Bonne idée d'employer des champignons comme variante de légumes. »

▸ Préchauffer le four à 180° (th. 6) avec une plaque vide à l'intérieur.
▸ Ébouillanter les tomates pour en ôter facilement la peau et peler (ou gratter) les courgettes. Coupez-les en dés.
▸ Mettre dans un faitout et faire fondre doucement dans une cuillerée d'huile d'olive. Lorsque les légumes sont fondants, ajouter l'ail pilé et 1 ou 2 feuilles de basilic. Poivrer et garder au chaud.
▸ Faire blondir les escalopes dans une poêle 3 minutes de chaque côté, saler et couvrir.
▸ Ôter les feuilles de basilic et disposer un lit de légumes au fond d'un plat à gratin, puis poser les escalopes, les tranches fines de lard et saupoudrer de gruyère et de comté râpés (ou ajouter des tranches de mozzarella). Arroser le tout d'huile d'olive et mettre au four pendant 10 minutes.
▸ Servir bien chaud dans le plat de cuisson.

POUR 4 PERSONNES :

4 escalopes de veau
60 g de beurre
8 tranches fines de lard fumé
50 g (5 cl) d'huile d'olive
6 tomates moyennes
6 courgettes moyennes
2 gousses d'ail
1 branche de basilic
50 g de gruyère râpé
50 g de comté râpé
(ou 125 g de mozzarella)
6 grains de poivre
sel

LE CONSEIL DU GROUPE DANONE :

Surveillez la cuisson et, au besoin, ajustez la température du four pour que le fromage fonde sans griller.
Vous pouvez réaliser cette recette avec des escalopes de dinde ou des blancs de poulet.
Attention au sel : le lard est déjà salé !

Pintade farcie aux olives vertes

Laurence Duret
(Chambéry)

«Un très bon plat où le goût fruité des olives rehausse agréablement la saveur de la volaille.»

★

POUR 6 PERSONNES :

1 pintade fermière
20 g (2 cl) d'huile d'olive
40 g de beurre (facultatif)

▸ *Pour la farce :*
200 g de volaille (1 blanc de poulet ou 1 escalope de dinde)
150 g de poitrine salée
le foie de la pintade
100 g d'olives vertes dénoyautées
1 œuf de 50 g
1 bouquet de persil frisé
sel et poivre

▸ Préchauffer le four à 180° (th. 6).

▸ Couper grossièrement les viandes de la farce et les hacher ensemble. Émincer les olives au couteau, laver et sécher le persil.

▸ Mettre tous ces ingrédients dans un saladier, saler et poivrer.

▸ Casser l'œuf entier dans le saladier et mélanger à la fourchette pour lier la farce. Remplir la pintade de cette farce avant de la brider*.

▸ Disposer la volaille dans un grand plat à four, arroser d'huile d'olive (et éventuellement 40 g de beurre) et cuire pendant 1 heure environ, en retournant la pintade régulièrement et en l'arrosant avec le jus de cuisson.

▸ Sortir le plat du four et laisser reposer 30 minutes sous une couche de papier d'aluminium.

▸ Découper la pintade et la farce juste avant de servir.

LE CONSEIL DU GROUPE DANONE :

Des légumes cuits à la vapeur (endives, chou, céleri, pommes de terre...) se marient également très bien avec ce plat. Servez-les en purée.

* Ficeler de manière à obtenir une cuisson homogène.

Poulet cocotte « Nad »

Nadalette Betis
(Versailles)

*« Astucieux et économique.
Un mélange sucré-salé très original. »*

★

▸ Couper le poulet en morceaux que vous ferez revenir dans une cocotte dans l'huile bien chaude.
▸ Éplucher les carottes, les couper en rondelles. Essuyer les champignons, enlever les queues, les recouper s'ils sont trop gros. Débiter le fenouil en lamelles après avoir retiré les feuilles sales. À part, éplucher et couper grossièrement les oignons.
▸ Ajouter les oignons aux morceaux de poulet dans la cocotte et bien laisser dorer. Incorporer l'ail épluché, la farine et mélanger rapidement.
▸ Mouiller avec le vin blanc, ajouter le contenu du petit pot, les champignons, les rondelles de carottes, les lamelles de fenouil et les herbes aromatiques. Saler, poivrer, mélanger ; couvrir et laisser mijoter à feu moyen pendant environ 45 minutes. Vérifier la cuisson de temps en temps.
▸ Laisser reposer quelques minutes hors du feu.
▸ Servir le poulet sur un grand plat, entouré des légumes et nappé de sauce. Présenter le reste de la sauce en saucière.
▸ Accompagner votre plat d'un vin fin corsé (saint-julien de bonne facture : léoville-las-cases par exemple).

POUR 6 PERSONNES :

1 poulet de 1,5 kg environ
1 petit pot pour bébé aux fruits exotiques ou pomme-banane (à partir de 8 mois)
2 gros oignons (100 g)
1 gousse d'ail
200 g (20 cl) de vin blanc sec
20 g de farine
1 fenouil (100 g)
thym, laurier, persil, cerfeuil, aneth, estragon
125 g de champignons de Paris
1 ou 2 carottes (100 g)
1 c. à soupe d'huile
sel et poivre

LE CONSEIL DU GROUPE DANONE :

Nous vous conseillons de ne pas laver les champignons de Paris, qui rendent déjà beaucoup d'eau en cuisant. Employez du papier absorbant pour les essuyer.

Coq au vin

Emmanuelle Thibout
(Mesnil-sur-Saulx)

« Facile à réaliser. L'idée des pâtes fraîches est sympathique. En ce qui concerne le vin, le choisir de qualité. »

★

▸ À faire la veille : dans un saladier, préparer une marinade avec le vin et un bouquet garni pour y mettre les morceaux de coq. Couvrir et garder au frais jusqu'au lendemain.

▸ Le jour même : égoutter le coq et réserver la marinade.

▸ Dans une cocotte, faire chauffer le beurre et l'huile et revenir les morceaux de coq.

▸ Pendant ce temps, éplucher les oignons, les carottes, l'ail et les échalotes. Une fois émincés, les mettre dans la cocotte à la place du coq et laisser fondre 10 minutes doucement.

▸ Saupoudrer de farine, mélanger et ajouter le cognac puis le concentré de tomates.

▸ Remettre les morceaux de coq dans la cocotte, arroser avec le vin de la marinade. Rajouter le bouquet garni, saler et poivrer, couvrir et laisser mijoter doucement 1 heure 30 à 2 heures suivant la fermeté de la volaille.

▸ Ôter le pied sableux des champignons, les laver et les couper en 4 ou 6 morceaux. Bien les égoutter pour les faire sauter à la poêle.

▸ Avant de servir, disposer les morceaux de coq dans un plat, napper avec une partie de la sauce et garnir avec les champignons sautés et du persil plat émincé.

POUR 6 PERSONNES :

1 coq de 2 kg coupé en morceaux
40 g de beurre
30 g (3 cl) d'huile d'arachide
100 g d'oignons
40 g d'échalotes
100 g de carottes
3 gousses d'ail
40 g de farine
40 g de cognac (1 verre à liqueur)
30 g de concentré de tomates
75 cl de vin rouge (bourgogne, par exemple)
250 g de champignons de Paris
2 bouquets garnis riches en thym, persil et laurier
1 bouquet de persil
sel et poivre

LE CONSEIL DU GROUPE DANONE :

Accompagnez ce plat de riz créole ou de tagliatelles, et présentez le reste de la sauce en saucière.

Papillotes de magrets de canard à la pêche

Sylvie Fontaine
(Betton)

« Présentation originale et mariage délicat des saveurs de fruits et d'épices, associésà une cuisson qui laisse au magret du moelleux. »

★

▸ Préchauffer le four à 180° (th. 6) avec une plaque vide à l'intérieur.
▸ Éplucher et hacher les échalotes. Couper les oreillons de pêche en lamelles et les magrets de canard en fines escalopes. Presser l'orange et recueillir son jus.
▸ Découper 6 feuilles de papier d'aluminium pour former des papillotes. Au centre de chacune d'elles, répartir les échalotes, les lamelles de pêche, 1 escalope de magret et 1 clou de girofle. Arroser de porto et de jus d'orange, saler et poivrer. Rabattre chaque feuille d'aluminium et fermer soigneusement les papillotes.
▸ Mettre au four 15 à 20 minutes.
▸ Disposer les papillotes sur un plat et décorer selon votre goût.
▸ Servir aussitôt.

POUR 6 PERSONNES :

600 g de magrets de canard (ou 2 beaux filets)
6 oreillons de pêche (frais ou en conserve)
6 clous de girofle
1 orange
1 verre à porto de Porto
40 g d'échalotes (2 échalotes)
sel et poivre du moulin

LE CONSEIL DU GROUPE DANONE :

Vous pouvez remplacer les oreillons de pêche par des quartiers de pamplemousse ou de mandarine.
Pour les amateurs de saveurs épicées, relevez l'assaisonnement avec une cuillerée à café de sauce Worcestershire «Lea & Perrins».

Escalopes de dinde à la faisane

Agnès Aron
(Waldolwisheim)

« Recette qui améliore indiscutablement la texture et le goût de la dinde, grâce à la marinade bien corsée et rehaussée avec la pomme acidulée. »

★

▸ Plonger les escalopes dans la marinade que vous aurez préparée la veille en mélangeant tous les ingrédients, protéger d'un film alimentaire et placer au réfrigérateur jusqu'au lendemain.
▸ Sécher les escalopes avec du papier absorbant. Faire chauffer la marinade pour qu'elle réduise.
▸ Cuire les escalopes dans une poêle avec l'huile et le beurre jusqu'à ce qu'elles blondissent, 3 minutes de chaque côté. Saler, poivrer, éteindre le feu. Ajouter le jus de la marinade puis le mélange crème fraîche et moutarde préalablement battu.
▸ Disposer les escalopes nappées de sauce sur le plat de service et parsemer de ciboulette et d'estragon.

POUR 6 PERSONNES :

6 escalopes de dinde de 150 g chacune
30 g (3 cl) d'huile d'arachide
30 g de beurre
50 g (5 cl) de crème fraîche à 30 %
30 g de moutarde
ciboulette, estragon
sel et poivre

▸ *Pour la marinade :*
1 belle carotte (80 g) coupée en rondelles
1 gros oignon (80 g) coupé en rondelles
6 baies de genièvre
8 grains de poivre
1 clou de girofle
15 g de sel fin
1/2 bouteille de vin rouge corsé (côtes-du-rhône)
30 g (3 cl) d'huile de colza
1 pomme acidulée (50 g) coupée en petits dés.

LE CONSEIL DU GROUPE DANONE :

Veillez à ne pas trop cuire l'escalope de dinde, car elle durcit et s'assèche. Accompagnez de pâtes mélangées à des champignons sautés : les fettucine, par exemple.
Une variante est possible avec du magret de canard, du veau ou du poisson.

Lapin au four à la moutarde et à l'ail

Marie-Sophie Clémendot
(Chagny)

« Un vrai classique, facile et goûteux, où le parfum des gousses d'ail en chemise ajoute à la mise en saveur du lapin nappé de moutarde forte. »

★

- Préchauffer le four à 180° (th. 6).
- Huiler légèrement un plat allant au four.
- Frotter d'huile chaque morceau de lapin sur toutes ses faces. Saler et poivrer. Disposer dans le plat et napper généreusement de moutarde.
- Séparer les têtes d'ail en gousses pour les répartir dans le plat sans les éplucher. Ajouter de l'eau et du beurre.
- Mettre au four à pendant 40 à 50 minutes. Arroser fréquemment en cours de cuisson pour éviter le dessèchement.
- À la sortie du four, dresser le lapin sur le plat de service, avec son jus et entouré des gousses d'ail. Accompagner de riz pilaf, de purée de pommes de terre ou de polenta.

POUR 6 PERSONNES :

1 beau lapin coupé en morceaux (sans la tête ni les côtes)
150 g de moutarde au vin blanc
3 têtes d'ail
20 g (2 cl) d'huile
150 g (15 cl) d'eau
70 g de beurre

LE CONSEIL DU GROUPE DANONE :

L'ail cuit « en chemise » donne un goût délicieux à la viande ; il devient crémeux et se déguste en même temps que le lapin.

Blanquette de veau Grand-Mère

Sylvie Bourhis
(Guipavas)

« Un grand classique. »

★

▸ Couper la viande en gros cubes, la mettre dans une cocotte et couvrir d'eau froide. Porter à ébullition, écumer, introduire les oignons émincés, les carottes coupées en rondelles, le thym, le laurier, le persil. Saler, ajouter le poivre en grains.

▸ Faire cuire doucement 1 heure 30 à 2 heures : la viande doit être très moelleuse.

▸ Après cuisson, prélever 30 cl de bouillon pour la sauce et garder la viande au chaud dans la cocotte avec le reste du bouillon.

▸ Nettoyer les champignons, éplucher les échalotes ; les émincer et les faire étuver 15 minutes dans 20 g de beurre. Entre-temps, faire fondre 30 g de beurre dans une casserole, ajouter la farine puis, peu à peu, en tournant sans arrêt, incorporer le bouillon que vous avez réservé pour obtenir une sauce bien lisse. Goûter et rectifier l'assaisonnement. Rajouter la crème fraîche* et, hors du feu, relever d'un peu de jus de citron et de noix de muscade râpée.

▸ Égoutter la viande, la disposer dans un plat creux, ajouter les champignons et napper le tout de sauce. Servir bien chaud.

POUR 4 PERSONNES :

600 g de veau dans le quasi
50 g d'oignons
50 g de carottes
1 feuille de laurier
1 branche de thym
5 branches de persil
200 g de champignons de Paris
200 g d'échalotes
50 g de beurre
30 g de farine
100 g (10 cl) de crème fraîche à 30 %
6 grains de poivre
sel
1 citron
1 pincée de noix de muscade râpée

LE CONSEIL DU GROUPE DANONE :

Accompagnez votre blanquette de riz Basmati pilaf ou de coquillettes.

* Pour une sauce encore plus onctueuse, battez un jaune d'œuf dans la crème fraîche.

Sauté de veau aux 8 parfums

Valérie Siegel
(Still)

« Un plat vraiment original, tant par ses ingrédients que par le mélange des saveurs, la note acidulée des agrumes. »

★

▸ À faire la veille: découper la viande en cubes, saler, poivrer sur toutes les faces. Mettre les morceaux dans un grand plat creux, saupoudrer avec les herbes, l'ail haché, le cumin. Laver le citron vert et prélever son zeste, presser les deux citrons et l'orange et arroser la viande avec le jus. Laisser mariner au frais jusqu'au lendemain.

▸ Le jour même: sortir les morceaux de viande de la marinade et bien les égoutter.

▸ Faire chauffer l'huile et le beurre dans une sauteuse pour y faire revenir la viande. Filtrer la marinade et la verser dans la sauteuse. Couvrir et laisser chauffer 10 minutes à feu moyen. Délayer le sachet de soupe à l'oignon dans une tasse d'eau bouillante, verser ce mélange dans la sauteuse, remuer avec une cuillère en bois.

▸ Couvrir et prolonger la cuisson 20 minutes à feu doux.

▸ Servir ce sauté de veau nappé de sauce, bien chaud, dans un plat rond creux, décoré de petits quartiers de citron et de quelques brins de persil ciselé.

POUR 6 PERSONNES :

800 g de carré de veau dégraissé
1 sachet de soupe à l'oignon
1 citron et 1 citron vert (non traités)
1 orange
5 g de cumin (1 c. à café)
2 branches de persil
6 feuilles de basilic
1 gousse d'ail
20 g (2 cl) d'huile + 30 g de beurre
sel et poivre

LE CONSEIL DU GROUPE DANONE :

Accompagnez ce plat d'un classique riz créole, parsemé de champignons noirs pour rester dans la note exotique.

Gigot d'agneau au miel

Delphine Heck
(Revin)

« Jolie déclinaison pour une recette au parfum de fête. »

★

▸ Préchauffer le four à 180° (th. 6) avec une plaque vide à l'intérieur.
▸ Mettre le gigot dans un plat allant au four, saler, poivrer généreusement, enrober de gingembre et de romarin.
▸ Faire fondre le beurre pour le mélanger au miel et au vinaigre, puis en recouvrir le gigot.
▸ Mettre au four et laisser cuire 1 heure 15 (ou 1 heure 30 si vous souhaitez une cuisson à point) en arrosant régulièrement pour que la viande ne se dessèche pas.
▸ Sortir le plat du four, poser le gigot sur le plat de service et transvaser la sauce dans une saucière.
▸ Servir immédiatement.

POUR 6 PERSONNES :

1 gigot d'agneau de 1,2 kg environ
200 g de miel
300 g (30 cl) de vinaigre de cidre
60 g de beurre
2 branches de romarin
2 c. à café de gingembre frais râpé
sel et poivre

LE CONSEIL DU GROUPE DANONE :

Vous pouvez accompagner ce gigot de pommes de terre cuites en papillotes, garnies de fromage frais « Cottage », salé et poivré, ou de haricots verts.

Bœuf bourguignon au malaga

Martine Deleu
(Bazinghen)

« Une variante étonnante et réussie d'un grand classique. »

★

▸ Faire blondir au beurre les morceaux de viande dans une cocotte; saler et poivrer. Réserver.
▸ Mettre les oignons émincés dans la cocotte et les faire fondre doucement; incorporer la farine, cuire 2 minutes et rajouter la viande, le malaga, le bouillon de bœuf* et le bouquet garni.
▸ Porter à ébullition et laisser mijoter pendant 1 heure 30 avant de rajouter les carottes coupées en rondelles.
▸ Laisser cuire encore 40 minutes.
▸ Servir dans un grand plat creux après avoir retiré le bouquet garni.
▸ Parsemer de persil frais haché.

POUR 6 PERSONNES :

1,2 kg de morceaux de bourguignon (dans le gîte)
1 kg de carottes
1 litre de bouillon de bœuf*
100 g de gros oignons
50 g de farine
100 g (10 cl) de malaga
50 g de beurre
1 bouquet garni
sel et poivre

LE CONSEIL DU GROUPE DANONE :

Vous pouvez garnir le plat d'une couronne de petits lardons blonds.

* Le bœuf bourguignon traditionnel se réalise avec du vin de Bourgogne rouge à la place du bouillon.

Noisettes de porc aux mandarines

Mauricette Bourgeois
(Pantin)

« Original, exotique, une manière élégante d'accommoder le porc. »

★

▸ Prélever et émincer l'écorce d'un citron vert en petits filaments que vous ferez blanchir*. Presser les 2 citrons et quelques mandarines pour obtenir 300 g (30 cl) de jus. Éplucher les mandarines restantes, détacher les quartiers, ôter les membranes.

▸ Dans une poêle, faire dorer les noisettes de porc avec l'huile et 10 g de beurre, 4 minutes par face, saler, poivrer puis réserver au chaud.

▸ Jeter le gras de cuisson puis ajouter 10 g de beurre et faire fondre l'échalote hachée pendant 3 minutes avant de déglacer au banyuls.

▸ Laisser réduire, ajouter le jus des fruits, réduire encore de moitié et filtrer.

▸ Hors du feu, incorporer 40 g de beurre coupé en petits morceaux. Réchauffer les noisettes de porc et les quartiers de mandarines dans la sauce.

▸ Faire griller les pignons de pin à sec dans la poêle, cuire les tagliatelles, les égoutter et les mélanger au beurre restant.

▸ Dresser sur une assiette les noisettes de porc nappées de sauce, avec les tagliatelles et les quartiers de mandarines. Parsemer de pignons de pin et décorer avec les zestes blanchis.

POUR 6 PERSONNES :

2 filets mignons de porc coupés en 12 noisettes
250 g de tagliatelles fraîches
1 c. à soupe d'huile
80 g de beurre
12 mandarines
2 citrons verts
60 g de pignons de pin
1 échalote
100 g (10 cl) de vin de Banyuls
sel et poivre

LE CONSEIL DU GROUPE DANONE :

Vous pouvez remplacer le banyuls par du vin d'oranges.
Proposez une purée de céleri à côté des tagliatelles, elle se mariera parfaitement avec votre plat.

* Passer à l'eau bouillante.

Desserts

Clafoutis aux cerises

Janine Morel
(Échirolles)

« Un clafoutis tout simple, que l'on peut personnaliser à sa guise. »

★

▸ Préchauffer le four à 180° (th. 6) avec une plaque vide à l'intérieur.
▸ Battre les œufs avec la crème fraîche dans une jatte. Dans une autre jatte, mélanger la farine, le sachet de levure, le sucre et une pincée de sel. Incorporer les œufs à ce mélange. Ajouter les cerises équeutées et dénoyautées.
▸ Verser cette préparation dans un plat à four beurré et ajouter quelques morceaux de beurre sur le dessus. Cuire à 180° (th. 6) pendant 45 minutes.
▸ Servir tiède.

POUR 6 PERSONNES :

500 g de cerises
100 g de farine
1 sachet de levure
2 œufs de 50 g
200 g (20 cl) de crème fraîche à 30 %
100 g de sucre
1 pincée de sel
30 g de beurre

LE CONSEIL DU GROUPE DANONE :

Pour apporter du croustillant à ce clafoutis, pensez à le saupoudrer de sucre cristallisé avant de le mettre au four. Et n'hésitez pas à solliciter vos enfants quand vous préparez cette recette.

Crème mousseline Grand-Mère

Geneviève Settegrana
(Meudon-la-Forêt)

« La saveur retrouvée des desserts de notre enfance. »

★★

▶ Préchauffer le four à 150° (th. 5) avec une plaque vide à l'intérieur.

▶ Préparer le caramel : mettre le sucre en morceaux et l'eau dans une casserole sur le feu en remuant bien pour que le sucre ne brûle pas, et laisser cuire pour obtenir une coloration brune. Puis, hors du feu, décuire* avec 30 g d'eau. Verser le caramel dans un moule en Pyrex et laisser refroidir.

▶ Faire fondre le beurre dans une casserole, ajouter la farine, 60 g de sucre et le sucre vanillé. Bien mélanger puis verser le lait et laisser cuire 5 minutes sans cesser de remuer. Laisser tiédir avant d'incorporer les jaunes d'œufs un par un, puis les blancs battus en neige, serrés** avec 30 g de sucre. Verser cette crème dans le moule caramélisé.

▶ Mettre au four, au bain-marie, et cuire 45 minutes.

▶ Servir tiède ou froid, selon votre goût.

POUR 6 PERSONNES :

90 g de beurre
75 g de farine
60 g de sucre + 30 g
1 sachet de sucre vanillé
350 g (35 cl) de lait
5 œufs de 50 g

▶ *Pour le caramel :*
150 g de sucre en morceaux
30 g (3 cl) d'eau + 30 g pour décuire.*

LE CONSEIL DU GROUPE DANONE :

Vous pouvez rajouter 50 g de raisins secs ou 50 g d'abricots secs coupés en dés dans votre crème. Accompagnez-la de petits sablés Lu, de galettes Saint-Sauveur, ou de beurrés Nantais.

* Arrêter l'ébullition.

** Serrer des blancs d'œufs consiste à les raffermir avec du sucre pour obtenir une neige très ferme.

Gâteau aux poires

Thérèse Cau
(Argelès-sur-Mer)

« Bravo pour l'astuce du yoghourt à la vanille! »

★★

▸ Préchauffer le four à 170° (th. 5/6) avec une plaque vide à l'intérieur.

▸ Préparer le caramel : faire fondre le sucre avec 30 g d'eau et cuire à feu doux jusqu'à ce que le caramel prenne sa couleur dorée. Puis verser 30 g d'eau pour décuire*.

▸ Napper le fond d'un moule à manqué avec ce caramel.

▸ Peler les poires pour les couper en petits morceaux mais réserver une belle tranche, prélevée au centre de l'une d'elles dans le sens de la longueur, qui servira à la décoration.

▸ Pour faire la pâte, mélanger les œufs, le yoghourt, l'huile et le sucre dans un saladier; ajouter une pincée de sel et la fleur d'oranger. Puis incorporer la farine et la levure, suivies des morceaux de poires.

▸ Poser la tranche de poire que vous avez gardée sur le caramel tiède et verser la pâte pardessus.

▸ Mettre au four à 170° (th. 5/6) pendant environ 1 heure. Vérifier la cuisson en enfonçant doucement la lame sèche d'un couteau dans le gâteau; si elle ressort sèche, la cuisson est terminée.

▸ Sortir le moule du four et le couvrir quelques secondes: la vapeur d'eau qui se formera sous le couvercle facilitera le démoulage.

▸ Laisser encore refroidir et démouler avec précaution sur un plat.

▸ Servir bien frais.

POUR 6 PERSONNES :

4 poires mûres à point
1 pot de yoghourt à la vanille (utiliser le pot comme doseur)
2 pots de farine + 1 sachet de levure chimique
1/2 pot d'huile d'arachide (ou de tournesol)
4 œufs de 50 g
1 pot de sucre en poudre
10 g de fleur d'oranger (ou 1 c. à café d'eau-de-vie de poire)
1 pincée de sel fin

▸ *Pour le caramel:*
100 g de sucre en morceaux
30 g (3 cl) d'eau + 30 g pour décuire.*

LE CONSEIL DU GROUPE DANONE :

Ne pas cuire ce gâteau à plus de 170°, car le caramel foncerait.
Si les poires sont un peu fermes, attendrissez-les au micro-ondes en les faisant cuire 2 fois 1 minute avec 20 g de beurre et 10 g de jus de citron.

* Arrêter l'ébullition.

Gratin de pêches meringué

Christine Clément
(Piolenc)

*« Une recette fraîche et délicate ;
le parfum des vergers en été. »*

★★

▸ Peler les pêches, les couper en morceaux, les étuver 10 minutes dans une casserole avec 100 g de sucre pour les réduire en compote grossièrement.

▸ Séparer 4 blancs d'œufs de leurs jaunes ; réserver.

▸ Faire bouillir le lait dans une casserole avec la gousse de vanille fendue en deux.

▸ Pendant ce temps, dans un saladier, travailler 2 œufs entiers + 4 jaunes avec 150 g de sucre, la farine et le beurre ramolli pour obtenir une crème homogène. Puis mouiller peu à peu avec le lait bouillant sans cesser de remuer. Transvaser cette préparation dans une casserole à fond épais et faire cuire à feu doux en remuant toujours. Porter à ébullition quelques secondes et laisser refroidir.

▸ Préchauffer le four à 180° (th. 6).

▸ Dans un plat à gratin, verser la crème refroidie et poser la compote de pêches sur le dessus. Terminer en nappant la compote avec les 4 blancs d'œufs restants montés en neige, serrés* avec 100 g de sucre. Saupoudrer le tout d'amandes effilées.

▸ Régler le four sur position gril (à 180°, th. 6) et faire blondir pendant 5 minutes. Vérifier la cuisson, sortir du four et laisser refroidir. Puis mettre au réfrigérateur.

▸ Servir bien frais dans le plat de cuisson.

POUR 6 PERSONNES :

800 g de pêches blanches ou jaunes
500 g (1/2 l) de lait
6 œufs de 50 g
350 g de sucre
60 g de farine
30 g (3 cl) de crème fraîche à 30 %
30 g de beurre
1 gousse de vanille
50 g d'amandes effilées

LE CONSEIL
DU GROUPE DANONE :

Vous pouvez réaliser une variante de cette recette en remplaçant les pêches par de gros abricots par exemple.
Posez quelques feuilles de menthe fraîche sur le dessus de votre dessert pour l'arôme et le plaisir des yeux.

* Serrer des blancs d'œufs consiste à les raffermir avec du sucre pour obtenir une neige très ferme.

Charlotte « délices et noix »

Janine Brun
(Roquebrune-sur-Argens)

« On pourrait essayer aussi avec des biscuits à la cuiller. Et si on remplaçait le whisky par un peu de marasquin coupé d'eau ? »

★

▶ À faire la veille ou, mieux encore, l'avant-veille.

▶ Battre les 2 jaunes d'œufs avec le lait et le sucre vanillé. Chauffer doucement pour obtenir une crème qui doit napper la cuillère en bois. Tourner constamment jusqu'à ébullition. Ajouter la Maïzena préalablement mélangée à un peu de lait froid. Laisser refroidir.

▶ Travailler à part le beurre en pommade avec le sucre. Ajouter les noix moulues puis la crème tiède et incorporer les blancs d'œufs battus en neige ferme, serrés* avec 30 g de sucre.

▶ Garnir le fond et les parois d'un moule à charlotte avec les boudoirs trempés rapidement dans un mélange d'eau et de whisky (imbiber les boudoirs un par un). Veiller à poser le côté sucré des boudoirs contre la paroi du moule. Puis couler doucement un caramel blond sur les biscuits pour les souder entre eux.

▶ Verser la préparation (crème aux noix) sur les boudoirs en alternant crème et biscuits. Terminer par une rangée de boudoirs.

▶ Poser un film alimentaire et une assiette sur le moule pour tasser l'ensemble et mettre au réfrigérateur jusqu'au lendemain.

▶ Avant de servir, mettre le moule quelques instants dans un fond d'eau très chaude et démouler sur le plat de service.

POUR 6 PERSONNES :

250 g (1/4 l) de lait
2 jaunes d'œufs
1/2 sachet de sucre vanillé
15 g (1 c. à soupe de Maïzena)
200 g de beurre
160 g de sucre semoule
180 g de noix moulues
2 blancs d'œufs + 30 g de sucre
18 boudoirs
5 g (1 c. à soupe) de whisky

LE CONSEIL DU GROUPE DANONE :

Cette charlotte peut être accompagnée d'une classique crème anglaise ou encore de Danette à la vanille.

* Serrer des blancs d'œufs consiste à les raffermir avec du sucre pour obtenir une neige très ferme.

Grenoblois aux noix

Élisabeth Piquenot
(Fontenay-aux-Roses)

« Un gâteau sans cuisson au moelleux incomparable ; d'une simplicité spectaculaire ! »

★

▸ À faire la veille.

▸ Faire fondre le beurre. Séparer les blancs d'œufs des jaunes. Travailler les jaunes avec le sucre pour obtenir une crème blanche et mousseuse. Ajouter le beurre fondu refroidi, les noix pilées et 3 biscuits réduits en poudre.

▸ Battre 2 blancs d'œufs en neige, serrés* avec 30 g de sucre, et les incorporer à la crème.

▸ Tremper les biscuits restants dans le café tiède additionné de cognac. Beurrer un moule à cake et le garnir en alternant une couche de crème et une couche de biscuits trempés. Finir par une couche de biscuits. Mettre au réfrigérateur jusqu'au lendemain.

▸ Démouler avant de servir.

POUR 6 PERSONNES :

225 g de sucre + 30 g pour les blancs d'œufs
100 g de noix
90 g de beurre
4 œufs de 50 g
100 g (10 cl) de café très fort
5g (1 c. à dessert) de cognac
28 biscuits Petit Brun

LE CONSEIL DU GROUPE DANONE :

Vous pouvez remplacer la crème anglaise par de la Danette « expresso » ou au chocolat.

* Serrer des blancs d'œufs consiste à les raffermir avec du sucre pour obtenir une neige très ferme.

Gâteau côsnois

Marie-Pierre Niechcielski
(Cosne-sur-Loire)

« Une recette intéressante : le yoghourt au citron apporte à ce gâteau une saveur particulière et de la légèreté. »

★

▶ Préchauffer le four à 150° (th. 4/5) avec une plaque vide à l'intérieur.
▶ Séparer les blancs d'œufs des jaunes. Réserver les blancs. Mettre les jaunes avec le yoghourt dans un saladier et bien mélanger. Ajouter la farine, la Maïzena, l'huile et le zeste du citron. Finir par la poudre d'amandes. Mélanger soigneusement.
▶ Monter les blancs d'œufs en neige avec une pincée de sucre au départ. Serrer* à la fin avec le reste du sucre avant de les incorporer délicatement à la préparation. Enfin, transvaser le tout dans un moule à baba beurré.
▶ Mettre au four th. 5 pendant 40 minutes.
▶ Laisser refroidir avant de démouler. Saupoudrer de sucre glace et décorer selon votre goût (amandes, fines tranches de citron...).

POUR 6 PERSONNES :

1 yoghourt nature ou au citron
50 g de sucre en poudre
3 œufs de 50 g
100 g de farine
50 g de Maïzena
1 citron non traité
80 g (8 cl) d'huile
60 g de poudre d'amandes
sucre glace

LE CONSEIL DU GROUPE DANONE :

Ce gâteau aura plus de «gonflant» si vous mélangez un sachet de levure avec la farine.
Le yoghourt est un excellent ingrédient pour cette recette à laquelle il apporte sa légèreté, mais il faut savoir que ses ferments seront détruits par la cuisson; il y perdra donc une partie de ses qualités nutritionnelles.

* Serrer des blancs d'œufs consiste à les raffermir avec du sucre pour obtenir une neige très ferme.

Îles flottantes

Madame G.
(Barjac)

« Recette classique qui a le grand mérite d'être réalisée avec moins de sucre que d'habitude. »

★★

▸ Préparation des îles : séparer les blancs d'œufs des jaunes (réserver ces derniers pour la crème anglaise) et les monter en neige ferme, serrés* avec une pincée de sucre au départ; quand ils sont pris, rajouter 30 g de sucre en pluie et battre encore.

▸ Mettre de l'eau à chauffer dans une grande casserole, attendre qu'elle frémisse; baisser le feu et, à l'aide d'une cuillère à soupe, prélever de grosses boules de blancs en neige pour les pocher successivement dans l'eau frémissante 30 secondes de chaque côté. Égoutter ces «îles» sur un torchon au fur et à mesure qu'elles sont pochées.

▸ Préparation de la crème anglaise: battre les jaunes d'œufs mis de côté et le sucre en poudre dans une casserole jusqu'à ce que le mélange soit lisse et de couleur jaune clair. Faire bouillir le lait avec la gousse de vanille fendue (ou les feuilles de «laurier-crème»). Laisser infuser 10 minutes et verser sur le mélange jaunes d'œufs et sucre. Tourner sans arrêt sur feu doux jusqu'à ce que la crème nappe la cuillère en bois et que l'écume ait disparu de la surface. Puis laisser refroidir et verser dans un plat creux bien froid.

▸ Poser les «îles» sur la crème anglaise et préparer le caramel.

▸ Faire fondre doucement le sucre avec l'eau dans une casserole et cuire à feu doux jusqu'à ce que le caramel prenne sa couleur dorée, puis verser sur les îles flottantes. Réserver au frais avant de servir.

POUR 4 PERSONNES :

5 œufs de 60 g
1/2 l de lait demi-écrémé
50 g de sucre + 30 g pour les blancs d'œufs
1/2 gousse de vanille ou 4 feuilles de «laurier-crème»

▸ *Pour le caramel :*
50 g de sucre en morceaux
20 g (2 cl) d'eau

LE CONSEIL DU GROUPE DANONE :

Pensez à sortir les œufs du réfrigérateur 1 heure à l'avance.
Vous pouvez cuire les blancs d'œufs au micro-ondes, dans des ramequins recouverts d'un film alimentaire, 1 ou 2 fois 10 secondes, selon la puissance de votre four.

* Serrer des blancs d'œufs consiste à les raffermir avec du sucre pour obtenir une neige très ferme.

Tarte aux pommes et noix de coco

Catherine Coudert
(Colmar)

« La traditionnelle tarte aux pommes s'habille d'exotisme. Ainsi métamorphosée, elle est très moelleuse. »

★

POUR 6 PERSONNES :

▶ *Pour la pâte sablée :*
200 g de farine
100 g de beurre +30 g pour le moule
60 g de sucre en poudre
1 œuf de 50 g
1 paquet de levure chimique+ 20 g (2 cl) d'eau
1 pincée de sel

▶ *Pour la garniture :*
6 pommes (boskoop)
1 œuf de 50 g
100 g de beurre
100 g de sucre en poudre
100 g de noix de coco râpée

▶ Préchauffer le four à 210° (th. 7) avec une grille vide à l'intérieur.

▶ Verser la farine dans un saladier et ajouter le beurre ramolli. Mélanger pour sabler, puis incorporer l'œuf, le sucre et la levure avec 20 g d'eau et une pincée de sel, de façon à obtenir une pâte assez consistante.

▶ Beurrer un moule à tarte, étaler la pâte puis la disposer dans le moule.

▶ Préparer la garniture: peler, évider et couper les pommes pour les faire cuire en compote avec très peu d'eau.

▶ Garnir la pâte de cette compote et enfourner à 210° (th. 7) pendant 20 minutes.

▶ Pendant ce temps, préparer la crème. Battre l'œuf en omelette et le mélanger avec le beurre fondu, le sucre et la noix de coco râpée. Au bout de 20 minutes, sortir la tarte du four et la recouvrir de la crème. Remettre au four à 180° (th. 6) pendant une quinzaine de minutes pour obtenir un bel aspect doré.

▶ Sortir la tarte du four et laisser refroidir avant de démouler.

LE CONSEIL DU GROUPE DANONE :

Servez cette tarte encore tiède accompagnée d'une boule de glace à la vanille. C'est aussi très bon avec du « Fjord » battu, légèrement sucré.

Fondant au chocolat et aux écorces d'oranges confites

Claudine Gayet
(Courbevoie)

« Un grand gâteau au chocolat pour les vrais amateurs. »

★

▸ Beurrer largement un moule à tarte de 30 cm de diamètre. Préchauffer le four à 180° (th. 6) avec une plaque vide à l'intérieur.
▸ Couper les oranges confites en petits dés et les mettre dans l'alcool.
▸ Faire fondre le chocolat et le beurre ensemble pour obtenir une pommade.
▸ Séparer les blancs d'œufs des jaunes. Réserver.
▸ Battre les jaunes au fouet avec 100 g de sucre et les ajouter au mélange beurre-chocolat. Monter les blancs en neige, serrés* avec 50 g de sucre à la fin et les incorporer délicatement à la préparation. Puis verser la farine en pluie et mélanger à la spatule, sans casser les blancs.
▸ Remplir le moule, parsemer d'écorces d'oranges et faire cuire à 180° pendant 30 à 35 minutes. Démouler chaud sur le plat et servir tiède.

POUR 6 PERSONNES :

250 g de chocolat noir
6 œufs de 50 g
150 g de sucre
40 g de farine
125 g de beurre + 30 g pour le moule
120 g d'écorces d'oranges confites
40 g (4 cl) de cointreau (Grand Marnier ou curaçao)

LE CONSEIL DU GROUPE DANONE :

Une crème anglaise parfumée à l'orange accompagnera parfaitement ce fondant. Et vous pouvez décorer le plat avec des quartiers de mandarines fraîches.

* Serrer des blancs d'œufs consiste à les raffermir avec du sucre pour obtenir une neige très ferme.

Napolitaine au chocolat

S. L.
(Les Essarts-le-Roi)

« L'amertume des macarons fait un excellent contraste avec la saveur du chocolat, rehaussée par celle du café. »

★★

▸ À faire la veille : verser la crème fraîche dans un saladier et mettre au réfrigérateur 20 minutes, ou au congélateur 6 minutes.

▸ Séparer les blancs d'œufs des jaunes. Réserver.

▸ Casser le chocolat en petits morceaux et faire fondre dans une casserole au bain-marie avec le café soluble dissous dans 1 cuillerée à soupe d'eau bouillante. Mélanger et retirer du feu dès que le chocolat est fondu. Incorporer 4 jaunes d'œufs au mélange et laisser refroidir.

▸ Mixer les macarons pour les réduire en poudre. Sortir la crème du réfrigérateur, la battre en chantilly et bien la mélanger avec la poudre de macarons.

▸ Battre les blancs d'œufs en neige ferme, serrés** avec 30 g de sucre, et les incorporer à la crème au chocolat.

▸ Beurrer un moule à cake de 25 cm, garnir le fond avec la moitié de la chantilly aux macarons. Tasser en tapotant le moule, puis répartir la mousse au chocolat. Mettre au freezer ou au congélateur pour obtenir une préparation bien ferme, puis finir de remplir le moule avec le reste de chantilly aux macarons. Recouvrir d'un film alimentaire et remettre au freezer ou au congélateur jusqu'au lendemain.

▸ Le jour même : 2 heures avant de servir, sortir la napolitaine du freezer pour la placer simplement au réfrigérateur.

▸ Vous n'aurez plus qu'à démouler votre dessert sur le plat de service et à le garnir de macarons (ou de fond de succès* en poudre) et de grains de café en sucre ou à la liqueur.

POUR 8 PERSONNES

▸ *Pour le gâteau :*
225 g de petits macarons (ou fond de succès* à faire soi-même)
160 g de chocolat amer
6 g de café soluble (1 c. à café)
4 œufs de 50 g
400 g (40 cl) de crème fraîche fleurette
30 g de sucre

▸ *Pour le décor :*
200 g de petits macarons (ou fond de succès* réduit en poudre)
50 g de grains de café en sucre ou à la liqueur

LE CONSEIL DU GROUPE DANONE :

Présentez une crème au café ou un coulis d'abricots avec cette napolitaine.

* Le fond de succès est, en fait, une pâte à macaron ; les gâteaux que l'on confectionnait avec cette pâte s'appelaient des « succès ».

** Serrer des blancs d'œufs consiste à les raffermir avec du sucre pour obtenir une neige très ferme.

Gâteau à l'ananas aux amandes

Ginette Legrand
(Asnières)

« Un dessert moelleux et bien parfumé. »

★

▸ Préchauffer le four à 170° (th. 5/6) avec une plaque vide à l'intérieur.

▸ Réaliser le caramel : faire fondre 100 g de sucre et 30 g d'eau et cuire à feu doux jusqu'à ce que le caramel prenne une couleur dorée. Ajouter 30 g d'eau pour décuire*. Verser ce caramel au fond d'un moule à manqué.

▸ Séparer les blancs d'œufs des jaunes. Réserver les blancs.

▸ Mélanger les jaunes dans un saladier avec 100 g de sucre et 40 g de jus d'ananas pour obtenir une crème. Puis ajouter la farine, le beurre et la poudre d'amandes.

▸ Monter les blancs d'œufs en neige ferme, serrés** avec 50 g de sucre à la fin, et les incorporer à la pâte (elle doit être bien lisse).

▸ Couper les tranches d'ananas en quatre, les poser sur le caramel et recouvrir avec la pâte.

▸ Mettre au four à 170° pendant 40 à 45 minutes.

▸ Vérifier la cuisson du gâteau en enfonçant doucement la lame d'un couteau dans la pâte ; si la lame ressort sèche, le gâteau est cuit.

▸ Sortir le moule du four et le couvrir quelques secondes pour que la vapeur d'eau qui se formera sous le couvercle facilite le démoulage.

▸ Laisser tiédir avant de démouler sur le plat de service.

POUR 6 PERSONNES :

150 g de farine
60 g de beurre
100 g de sucre + 50 g
4 œufs de 50 g
50 g de poudre d'amandes
1 boîte d'ananas au sirop

▸ *Pour le caramel :*
100 g de sucre en morceaux
30 g (3 cl) d'eau + 30 g pour décuire*

LE CONSEIL DU GROUPE DANONE :

Ne cuisez jamais ce gâteau à plus de 170°, le caramel foncerait.
Proposez de l'ananas frais en accompagnement.

* Arrêter l'ébullition.

** Serrer des blancs d'œufs consiste à les raffermir avec du sucre pour obtenir une neige très ferme.

Gâteau aux pommes et aux amandes

Claudette Blugeon
(La Villedieu-du-Clain)

« Belle allusion gourmande aux saveurs d'enfance. »

★

▸ Préchauffer le four à 180° (th. 6) avec une plaque vide à l'intérieur.
▸ Faire fondre le beurre.
▸ Dans un saladier, mélanger les œufs, le sucre, 1 pincée de sel et le beurre fondu refroidi. Ajouter la farine tamisée. Bien mélanger.
▸ Peler et couper les pommes en quartiers.
▸ Beurrer un moule à manqué et disposer les quartiers de pommes en spirales, en les superposant.
▸ Verser la préparation du saladier sur les pommes en prenant soin de bien les recouvrir. Puis ajouter les amandes effilées et saupoudrer de sucre roux. Mettre 35 minutes au four.
▸ Laisser refroidir. Démouler de manière à présenter les amandes et le sucre cristallisé sur le dessus.

POUR 6 PERSONNES :

100 g de farine
2 œufs de 50 g
1 pincée de sel
70 g de sucre
100 g de beurre fondu
5 pommes acidulées
100 g d'amandes effilées
30 g de sucre roux

LE CONSEIL DU GROUPE DANONE :

C'est un gâteau idéal pour l'heure du thé ou pour le goûter des petits et des grands ! On peut aussi le servir au petit déjeuner, avec des laitages.

Biscuit façon « Belle Hélène »

Florence Hoguet
(Reims)

« Une déclinaison raffinée des poires Belle Hélène pour un biscuit de rêve. »

★★

▸ Préchauffer le four à 180° (th. 6).

▸ Préparation du biscuit : dans un récipient placé dans de l'eau tiède, battre les jaunes d'œufs, le sucre et l'eau; ajouter la farine, la fécule (ou la Maïzena) et la levure, puis incorporer 2 blancs d'œufs montés en neige. Enfourner à 150° (th. 5) et cuire 60 minutes.

▸ Préparation de la crème : faire bouillir le lait. Pendant ce temps, délayer l'œuf, le sucre et la farine dans un saladier. Rajouter le lait bouilli, remettre la préparation 2 minutes sur le feu. Laisser refroidir la crème ainsi obtenue et y verser l'alcool de poire. Réserver.

▸ Puis faire un coulis de chocolat : porter la crème fraîche à ébullition avant d'y incorporer le chocolat cassé en petits morceaux. Bien mélanger pour que le coulis nappe la cuillère en bois. Réserver au bain-marie.

▸ Sortir le biscuit du four, le laisser tiédir avant de démouler, puis le couper en deux.

▸ Couvrir la première moitié avec la crème alcoolisée et garnir avec de fines lamelles de poires (gardez-en quelques-unes pour la décoration). Répartir le reste de crème sur l'autre moitié du biscuit et superposer délicatement les deux moitiés.

▸ Saupoudrer de sucre glace et décorer avec les poires restantes. Mettre au frais 1/2 heure et servir accompagné du coulis de chocolat chaud.

POUR 6 PERSONNES :

▸ *Pour le biscuit :*
120 g de sucre
3 jaunes d'œufs de 50 g
60 g (6 cl) d'eau tiède
2 blancs d'œufs
60 g de farine
75 g de fécule ou de Maïzena
1/2 sachet de levure

▸ *Pour la crème :*
300 g (30 cl) de lait
1 œuf de 50 g
60 g de sucre
20 g de farine
1 c. à soupe d'eau-de-vie de poire

▸ *Pour la garniture :*
1 boîte de poires au sirop en quartiers
100 g de chocolat à pâtisser
80 g (8 cl) de crème fraîche à 30 %
sucre glace

LE CONSEIL DU GROUPE DANONE :

Vous pouvez aussi réaliser cette recette avec des poires fraîches bien sucrées, préalablement pochées.

Noisetochoc

Christelle Farey
(Balan)

« La consécration du mariage noisettes-chocolat ! Une réussite. »

★

▸ Préchauffer le four à 180° (th. 6) avec une plaque vide à l'intérieur.

▸ Faire fondre le beurre et le laisser refroidir. Séparer les blancs d'œufs des jaunes. Battre les jaunes avec 40 g de sucre et le sucre vanillé jusqu'à ce que le mélange blanchisse. S'il est trop épais, allonger avec un peu d'eau ou de lait. Ajouter le beurre tiède, la poudre de noisettes, mélanger et incorporer peu à peu la farine. Battre les blancs en neige avec 1 pincée de sel, serrer* avec 45 g de sucre, et les incorporer délicatement à la préparation.

▸ Mettre au four 35 à 40 minutes, puis sortir le gâteau et laisser refroidir.

▸ Préparer la couverture : porter la crème fraîche à ébullition. Éteindre le feu pour incorporer le chocolat cassé en petits morceaux et remuer jusqu'à obtention d'une crème lisse. Laisser cette crème refroidir jusqu'à ce qu'elle épaississe légèrement.

▸ Recouvrir le gâteau de la crème en y dessinant des vagues à l'aide d'une spatule. Mettre au réfrigérateur pour que la crème durcisse.

▸ Décorer le gâteau : découper une forme dans un papier léger que vous poserez sur le gâteau et saupoudrer de sucre glace tamisé au travers d'une passoire. Ôter le papier et parachever la décoration avec quelques fruits de saison et des feuilles de menthe.

POUR 6 PERSONNES :

▸ *Pour le gâteau :*
3 œufs de 50 g
100 g de poudre de noisettes
1 sachet de sucre vanillé
40 g + 45 g de sucre
80 g de beurre
80 g de farine
sel

▸ *Pour la couverture :*
75 g de chocolat noir à plus de 70 % de cacao
75 g (7,5 cl) de crème fraîche liquide

▸ *Pour la décoration :*
quelques fruits de saison, feuilles de menthe, sucre glace

LE CONSEIL DU GROUPE DANONE :

Vous pouvez ajouter à la pâte des noisettes grillées concassées.
Pensez à poser un film alimentaire sur votre gâteau avant de le mettre au réfrigérateur pour le protéger des odeurs.

* Serrer des blancs d'œufs consiste à les raffermir avec du sucre pour obtenir une neige très ferme.

Index des recettes

★ *recette simple à réaliser*
★★ *recette assez facile à réaliser*
★★★ *recette plus difficile à réaliser*

Entrées

★★★ Terrine de truite et de saumon à la bisque de homard 8
★★ Mousse de poisson au saumon fumé 10
★★ Flan de thon au coulis de poireaux 12
★ Salade d'aubergines aux calamars 14
★ Bricks au crabe 16
★★ Mousseline de coquilles Saint-Jacques à l'oseille 18
★ Pain de lotte 20
★ Cocktail de crevettes aux kiwis 22
★ Gratin de poires au roquefort 24
★ Cake au roquefort 26
★ Quiche à la choucroute 28
★★ Gâteau de foies de volaille sauce aurore 30
★★ Pâté en croûte au poulet et au jambon 32
★ Soupe au pistou 34
★ Tomates cocotte 36

PLATS

★ Pâtes au melon 40
★ Le Farçon 42
★ Gratin de courgettes 44
★ Boulettes de picoulat 46
★ Chou farci à la mode auvergnate 48
★ Jambon malgache 50
★ Saumon vigneron 52
★★★ Filet de turbot en écailles de pommes 54
★ Spaghettis aux lardons 56
★ Escalopes de veau aux légumes 58
★ Pintade farcie aux olives vertes 60
★ Poulet cocotte «Nad» 62
★ Coq au vin 64
★ Papillottes de magrets de canard à la pêche . 66
★ Escalopes de dinde à la faisane 68
★ Lapin au four à la moutarde et à l'ail 70
★ Blanquette de veau Grand-Mère 72
★ Sauté de veau aux 8 parfums 74
★ Gigot d'agneau au miel 76
★ Bœuf bourguignon au malaga 78
★ Noisettes de porc aux mandarines 80

DESSERTS

★ Clafoutis aux cerises 84
★★ Crème mousseline grand-mère 86
★★ Gâteau aux poires 88
★★ Gratin de pêches meringué 90
★ Charlotte « délices et noix » 92
★ Grenoblois aux noix 94
★ Gâteau côsnois 96
★★ Îles flottantes 98
★ Tarte aux pommes et noix de coco 100
★ Fondant au chocolat et aux écorces d'oranges confites 102
★★ Napolitaine au chocolat 104
★ Gâteau à l'ananas aux amandes 106
★ Gâteau aux pommes et aux amandes 108
★★ Biscuit façon «Belle Hélène» 110
★ Noisetochoc 112

Chef de projet : Valérie Gautier
HM Éditions

Direction éditoriale : Béatrice Torrente
HM Éditions

Rédaction : Maryse Morenville de Beine-Nauroy (Marne) ; Chantal Ilas d'Artres (Nord) ; Claude Fontaine de Rochecorbon (Indre-et-Loire) ; Jacqueline Lafite de Blagnac (Haute-Garonne) ; Edwige Albroucq de Grasse (Alpes-Maritimes) ; Isabelle Herbert de Vaudry (Calvados) ; Francine Georges de Bon-Encontre (Lot-et-Garonne) ; Gisèle Dessi de Rosult (Nord) ; Delphine Soleil de Paris (XIIIe) ; Martine Meresse de Soissons (Aisne) ; Odile Bluem de Lesmenils (Meurthe-et-Moselle) ; F. M. de Viviers-du-Lac (Savoie) ; Chantal B. de Saint-Étienne(Loire) ; Sylvie Bezet de Saint-Priest (Rhône) ; Catherine Mongodin d'Épinay-sur-Orge (Essonne) ; Sylvie Poprawa de Reims (Marne) ; Arlette Bauduer de Belfort (Territoire de Belfort) ; Mireille Taxit de Marseille (Bouches-du-Rhône) ; Marie Matthey de Bages (Pyrénées orientales) ; Yvonne Veyreveze d'Aurillac (Cantal) ; Patricia Meurillon d'Oignies (Pas-de-Calais) ; Paule Duchâteau de Marquise (Pas-de-Calais) ; Sylvie Achard de Saint-Jean-de-Muzols (Ardèche) ; Florence Rousseleau de Saint-Sébastien-sur-Loire (Loire-Atlantique) ; Anne-Marie Auboiron d'Annecy (Haute-Savoie) ; Laurence Duret de Chambéry (Savoie) ; Nadalette Betis de Versailles (Yvelines) ; Emmanuelle Thibout de Mesnil-sur-Saulx (Meuse) ; Sylvie Fontaine de Betton (Ille-et-Vilaine) ; Agnès Aron de Waldolwisheim (Bas-Rhin) ; Marie-Sophie Clémandot de Chagny (Saône-et-Loire) ; Sylvie Bourhis de Guipavas (Finistère) ; Valérie Siegel de Still (Bas-Rhin) ; Delphine Heck de Revin (Ardennes) ; Martine Deleu de Bazinghen (Pas-de-Calais) ; Mauricette Bourgeois de Pantin (Seine-Saint-Denis) ; Janine Morel d'Échirolles (Isère) ; Geneviève Settegrana de Meudon-la-Forêt (Hauts-de-Seine) ; Thérèse Cau d'Argelès-sur-Mer (Pyrénées-Orientales) ; Christine Clément de Piolenc (Vaucluse) ; Janine Brun de Roquebrune-sur-Argens (Var) ; Élisabeth Piquenot de Fontenay-aux-Roses (Hauts-de-Seine) ; Marie-Pierre Niechcielski de Cosne-sur-Loire (Nièvre) ; Madame G. de Barjac (Gard) ; Catherine Coudert de Colmar (Haut-Rhin) ; Claudine Gayet de Courbevoie (Hauts-de-Seine) ; S. L. des Essarts-le-Roi (Yvelines) ; Ginette Legrand d'Asnières (Hauts-de-Seine) ; Claudette Blugeon de La Villedieu-du-Clain (Vienne) ; Florence Hoguet de Reims (Marne) ; Christelle Farey de Balan (Ardennes)
Les lectrices du magazine Danoé
Annick Post ; Sabine Arqué ; Joëlle Longhi

Conseils et tests culinaires : Roland Garreau, Meilleur Ouvrier de France 1991 (catégorie Cuisine-Restauration)

Création graphique : Marc Walter - HM Éditions

Photographies des recettes : Jean-Jacques Magis

Stylisme : Jean-François Mallet

Remerciements

Nous tenons à remercier les très nombreuses participantes du concours « Danoé », sans lesquelles ce livre n'aurait pas vu le jour.
Nous remercions chaleureusement les journalistes culinaires qui nous ont fait bénéficier de leur expérience en faisant partie du jury de sélection des recettes : Mesdames Alix Baboin-Jaubert, Marianne Comolli, Béatrice Dangvan, Anne Grandclément, Anne Hudson, Paule Neyrat, Josseline Rigot, Sylvie Tardrew, Astrid de T'Serclaes et Jacqueline Ury.
Le chef cuisinier, Roland Garreau, nous a aidés à sélectionner et tester les recettes. L'école hôtelière Jean Drouant à Paris nous a prêté son concours lors de la présélection des recettes.
Merci également aux sociétés :
Le Bon Marché Rive Gauche, Bernard Carant, Globe Trotter, Halard et Vilatte, Geneviève Lethu, Maison Ivre, Palais Royal et Villeroy et Boch, qui nous ont gracieusement prêté leurs produits pour la mise en scène des recettes.

Mes recettes

IMPRIMÉ EN FRANCE PAR I.M.E.
Dépôt édition : 4170-10/1999
LIBRAIRIE GÉNÉRALE FRANCAISE - 43, quai de Grenelle - 75015 Paris
ISBN : 2-25308199-x 30/8199/9